Zahlen bis 10 / Links und rechts

1 Schreibe die Zahlen von 1 bis 10 in der richtigen Reihenfolge auf.

☐ ☐ ☐ ☐ ☐ ☐ ☐ ☐ ☐ ☐

2 Welche Zahlen stehen links von der Mauer? Welche stehen auf der rechten Seite? Schreibe sie auf.

Links: ☐ ☐ ☐ ☐ ☐

Rechts: ☐ ☐ ☐ ☐ ☐

Lösungen

1, 2, 3, 4, 5, 6, 7, 8, 9, 10

Links: 3, 7, 9, 2, 1

Rechts: 4, 5, 10, 6, 8

Zahlenlücken / Nachbarzahlen

1 Trage die fehlenden Zahlen ein.

a) 1 ☐ 3   b) 7 ☐ 9

c) 2 ☐ 4   d) 5 ☐ 7

e) 8 ☐ 10   f) 4 ☐ 6

g) 2 ☐ ☐ 5   h) 7 ☐ ☐ 10

2 Trage die Nachbarzahlen ein.

a) ☐ 3 ☐   b) ☐ 6 ☐

c) ☐ 9 ☐   d) ☐ 7 ☐

e) ☐ 2 ☐   f) ☐ 5 ☐

Lösungen

1
a) 1, 2, 3

b) 7, 8, 9

c) 2, 3, 4

d) 5, 6, 7

e) 8, 9, 10

f) 4, 5, 6

g) 2, 3, 4, 5

h) 7, 8, 9, 10

2
a) 2, 3, 4

b) 5, 6, 7

c) 8, 9, 10

d) 6, 7, 8

e) 1, 2, 3

f) 4, 5, 6

Flächen unterscheiden

1 Zähle und schreibe auf:

a) Wie viele Dreiecke siehst du? ☐

b) Wie viele Kreise sind es? ☐

c) Wie viele Vierecke findest du? ☐

Lösungen

1 a) 5 Dreiecke

b) 6 Kreise

c) 7 Vierecke

Tauschaufgaben im Zahlenraum bis 10

1 Die Augen der Würfel kannst du durch zwei verschiedene Rechenaufgaben zusammenzählen. Schreibe beide Aufgaben auf.

a) $4 + 2 = \square$
$2 + 4 = \square$

b) $\square + \square = \square$
$\square + \square = \square$

c) $\square + \square = \square$
$\square + \square = \square$

d) $\square + \square = \square$
$\square + \square = \square$

Lösungen

1 a) $4 + 2 = 6$
$2 + 4 = 6$

b) $3 + 5 = 8$
$5 + 3 = 8$

c) $4 + 6 = 10$
$6 + 4 = 10$

d) $1 + 6 = 7$
$6 + 1 = 7$

Zum Zehner ergänzen

1 In jedem Kasten sollen 10 Perlen liegen.
Zeichne die fehlenden Perlen ein und
schreibe die Aufgabe auf.

a) $\boxed{6} + \boxed{4} = 10$

b) $\boxed{} + \boxed{} = 10$

c) $\boxed{} + \boxed{} = 10$

d) $\boxed{} + \boxed{} = 10$

e) $\boxed{} + \boxed{} = 10$

Lösungen

1
a) 6 + 4 = 10
b) 3 + 7 = 10
c) 5 + 5 = 10
d) 2 + 8 = 10
e) 0 + 10 = 10

Plusrechnen im Zahlenraum bis 10

1 Rechne die Ergebnisse dieser Plusaufgaben aus.

a) 3 + 6 = ☐ b) 2 + 5 = ☐

c) 7 + 3 = ☐ d) 4 + 4 = ☐

e) 1 + 6 = ☐ f) 3 + 5 = ☐

g) 9 + 1 = ☐ h) 5 + 2 = ☐

2 Wie viel musst du noch dazuzählen, damit das Ergebnis 10 ist?

a) 1 + 3 + ☐ = 10

b) 5 + 4 + ☐ = 10

c) 3 + 2 + ☐ = 10

d) 8 + 2 + ☐ = 10

e) 4 + 2 + ☐ = 10

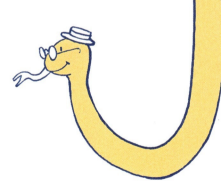

Lösungen

1
a) 9
b) 7
c) 10
d) 8
e) 7
f) 8
g) 10
h) 7

2
a) 6
b) 1
c) 5
d) 0
e) 4

Raumlagebegriffe

1 Male einen dicken Punkt ...

a) ... über die 1.
b) ... unter die 2.
c) ... auf die 3.
d) ... links neben die 4.
e) ... rechts neben die 5.
f) ... in die 6.
g) ... zwischen die 7 und die 8.
h) Male einen Kreis um die 9.

1   **2**   **3**

4   **5**   **6**

7   **8**   **9**

⑨ 8 • ⌊

9 •⇂ ⇂•

ε ⋮⇂ ⇂

Minusrechnen im Zahlenraum bis 10

1 Einige Kerzen wurden ausgeblasen.
Wie viele brennen noch?
Schreibe die Minusaufgabe auf.

a)

 $\boxed{8} - \boxed{3} = \boxed{}$

b)

 $\boxed{} - \boxed{} = \boxed{}$

c)

 $\boxed{} - \boxed{} = \boxed{}$

d)

 $\boxed{} - \boxed{} = \boxed{}$

e)

Lösungen

1
a) 8 − 3 = 5
b) 6 − 4 = 2
c) 5 − 2 = 3
d) 9 − 6 = 3
e) 7 − 1 = 6

Minusrechnen im Zahlenraum bis 10

1 Rechne die Ergebnisse dieser Minusaufgaben aus.

a) 8 − 4 = ☐ b) 6 − 5 = ☐

c) 9 − 3 = ☐ d) 10 − 8 = ☐

e) 7 − 5 = ☐ f) 5 − 4 = ☐

g) 9 − 7 = ☐ h) 8 − 1 = ☐

2 Wie viel musst du noch abziehen, damit das Ergebnis Null ist?

a) 7 − 4 − ☐ = 0

b) 8 − 3 − ☐ = 0

c) 10 − 2 − ☐ = 0

d) 9 − 7 − ☐ = 0

e) 6 − 3 − ☐ = 0

Lösungen

1
a) 4
b) 1
c) 6
d) 2
e) 2
f) 1
g) 2
h) 7

2
a) 3
b) 5
c) 8
d) 2
e) 3

Reihen fortsetzen im Zahlenraum bis 10

1 Zeichne ein, wie die Reihen weitergehen.

a)

b)

c)

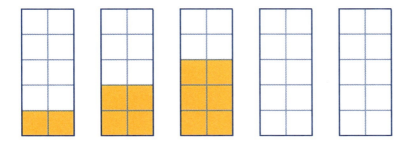

a)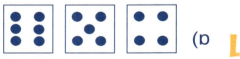

b)

c)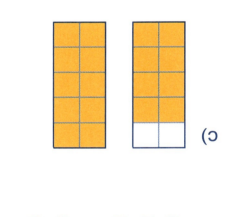

Aufgabenreihen fortsetzen im Zahlenraum bis 10

1 Setze die Reihen mit Plusaufgaben fort.

a) 3 + 2 = ☐   b) 4 + 6 = ☐

 3 + 3 = ☐   4 + 5 = ☐

 3 + 4 = ☐   4 + 4 = ☐

 3 + ☐ = ☐   4 + ☐ = ☐

 3 + ☐ = ☐   4 + ☐ = ☐

2 Setze die Reihen mit Minusaufgaben fort.

a) 10 − 1 = ☐   b) 10 − 10 = ☐

 10 − 2 = ☐   10 − 9 = ☐

 10 − 3 = ☐   10 − 8 = ☐

 10 − ☐ = ☐   10 − ☐ = ☐

 10 − ☐ = ☐   10 − ☐ = ☐

Lösungen

1 a) $3 + 2 = 5$

  $3 + 3 = 6$

  $3 + 4 = 7$

  $3 + 5 = 8$

  $3 + 6 = 9$

b) $4 + 6 = 10$

  $4 + 5 = 9$

  $4 + 4 = 8$

  $4 + 3 = 7$

  $4 + 2 = 6$

2 a) $10 - 1 = 9$

  $10 - 2 = 8$

  $10 - 3 = 7$

  $10 - 4 = 6$

  $10 - 5 = 5$

b) $10 - 10 = 0$

  $10 - 9 = 1$

  $10 - 8 = 2$

  $10 - 7 = 3$

  $10 - 6 = 4$

Plus- und Minusrechnen im Zahlenraum bis 10

1 Plus oder minus? Setze das richtige Rechenzeichen ein, damit das Ergebnis stimmt.

a) 7 ◯ 3 = 10   b) 6 ◯ 2 = 4

c) 3 ◯ 5 = 8   d) 5 ◯ 4 = 9

e) 8 ◯ 5 = 3   f) 7 ◯ 5 = 2

g) 4 ◯ 4 = 0   h) 2 ◯ 8 = 10

2 Was musst du hier rechnen, um von der ersten Zahl zum Ergebnis zu kommen? Setze das Rechenzeichen und die fehlende Zahl ein.

a) 3 ◯ ☐ = 5   b) 9 ◯ ☐ = 6

c) 8 ◯ ☐ = 7   d) 2 ◯ ☐ = 8

e) 6 ◯ ☐ = 2   f) 5 ◯ ☐ = 10

Lösungen

1

a) $7 + 3 = 10$

b) $6 - 2 = 4$

c) $3 + 5 = 8$

d) $5 + 4 = 9$

e) $8 - 5 = 3$

f) $7 - 5 = 2$

g) $4 - 4 = 0$

h) $2 + 8 = 10$

2

a) $3 + 2 = 5$

b) $9 - 3 = 6$

c) $8 - 1 = 7$

d) $2 + 6 = 8$

e) $6 - 4 = 2$

f) $5 + 5 = 10$

Muster fortsetzen

1 Zeichne die Muster weiter.

a)

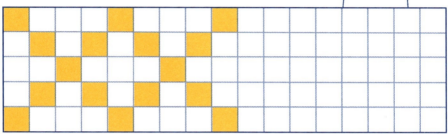

b)

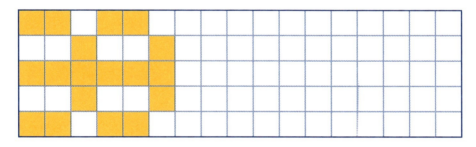

c)

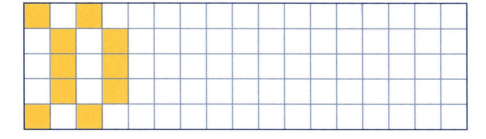

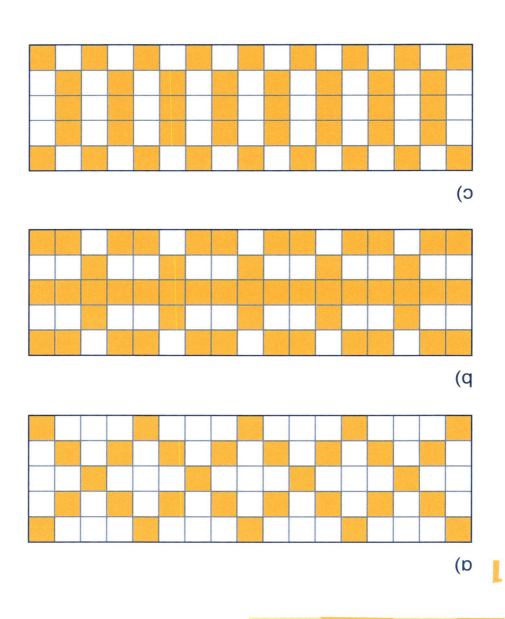

Textaufgaben im Zahlenraum bis 10

1 Schreibe die Rechnungen und die Antworten auf.

a) Jan hat 8 Luftballons. 3 Ballons zerplatzen.

Frage: Wie viele Ballons hat Jan noch?
Rechnung:

Antwort: Er hat noch ☐ Ballons.

b) Lara hat schon 7 Stofftiere. Zu ihrem Geburtstag bekommt sie einen kleinen Bären, ein Kamel und einen Hund.

Frage: Wie viele Stofftiere hat Lara jetzt?
Rechnung:

Antwort: Sie hat jetzt ☐ Stofftiere.

Lösungen

1
a) Rechnung: 8 − 3 = 5
Antwort: Er hat noch 5 Ballons.

b) Rechnung: 7 + 3 = 10
Antwort: Sie hat jetzt 10 Stofftiere.

Zahlen bis 20

1 Schreibe alle Zahlen von 11 bis 20 in der richtigen Reihenfolge auf.

2 Zahlen, die in der gleichen Figur stehen, gehören zusammen. Sortiere sie jeweils von der kleinsten bis zur größten Zahl.

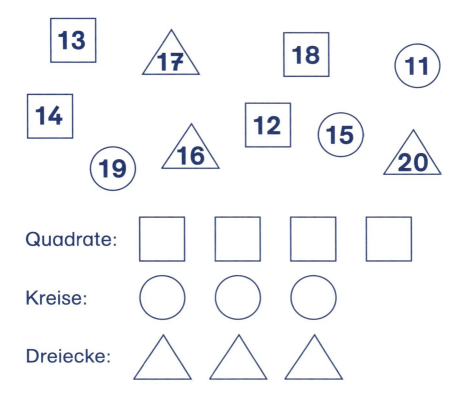

Lösungen

1 11, 12, 13, 14, 15, 16, 17, 18, 19, 20

2 Quadrate: 12, 13, 14, 18

Kreise: 11, 15, 19

Dreiecke: 16, 17, 20

Zeichnungen vergrößert übertragen

1 Übertrage die kleine Zeichnung ins große Feld. Ein großes Kästchen entspricht einem kleinen Kästchen.

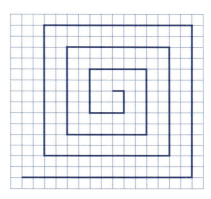

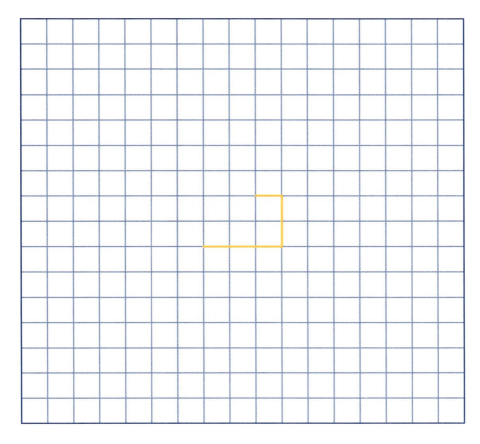

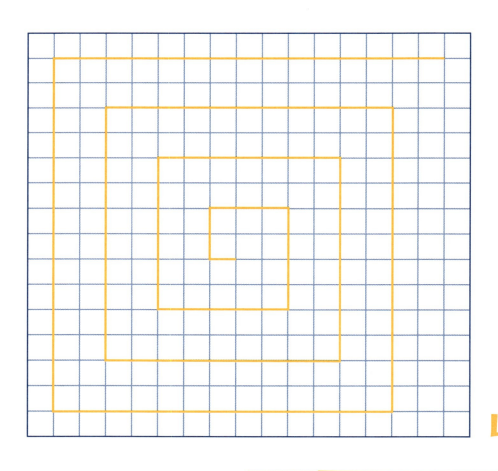

Zahlen bis 20

1 Trage die fehlenden Zahlen ein.

a) 15 ☐ 17   b) 10 ☐ 12

c) 18 ☐ 20   d) 16 ☐ 18

e) 9 ☐ ☐ 12   f) 12 ☐ ☐ 15

g) 11 ☐ ☐ 14   h) 7 ☐ ☐ ☐ 11

2 Schreibe die Nachbarzahlen auf.

a) ☐ 10 ☐   b) ☐ 15 ☐

c) ☐ 19 ☐   d) ☐ 11 ☐

e) ☐ 16 ☐   f) ☐ 13 ☐

g) ☐ 12 ☐   h) ☐ 18 ☐

ösungen

1

a) 15, 16, 17

b) 10, 11, 12

c) 18, 19, 20

d) 16, 17, 18

e) 9, 10, 11, 12

f) 12, 13, 14, 15

g) 11, 12, 13, 14

h) 7, 8, 9, 10, 11

2

a) 9, 10, 11

b) 14, 15, 16

c) 18, 19, 20

d) 10, 11, 12

e) 15, 16, 17

f) 12, 13, 14

g) 11, 12, 13

h) 17, 18, 19

Plusrechnen mit einem glatten Zehner

1 Setze die Aufgabenreihen fort.

a) 10 + 1 = ☐
10 + 2 = ☐
10 + 3 = ☐
10 + ☐ = ☐
10 + ☐ = ☐
10 + ☐ = ☐
10 + ☐ = ☐
10 + ☐ = ☐
10 + ☐ = ☐
10 + 10 = ☐

b) 1 + 10 = ☐
2 + 10 = ☐
3 + 10 = ☐
☐ + 10 = ☐
☐ + 10 = ☐
☐ + 10 = ☐
☐ + 10 = ☐
☐ + 10 = ☐
☐ + 10 = ☐
10 + 10 = ☐

ösungen

1

a)
$10 + 1 = 11$
$10 + 2 = 12$
$10 + 3 = 13$
$10 + 4 = 14$
$10 + 5 = 15$
$10 + 6 = 16$
$10 + 7 = 17$
$10 + 8 = 18$
$10 + 9 = 19$
$10 + 10 = 20$

b)
$1 + 10 = 11$
$2 + 10 = 12$
$3 + 10 = 13$
$4 + 10 = 14$
$5 + 10 = 15$
$6 + 10 = 16$
$7 + 10 = 17$
$8 + 10 = 18$
$9 + 10 = 19$
$10 + 10 = 20$

Bis zur Zahl 12 ergänzen

1 Die Augen der Würfel sollen zusammengezählt immer 12 ergeben. Zeichne ein, wie viele Augen der letzte Würfel haben muss.

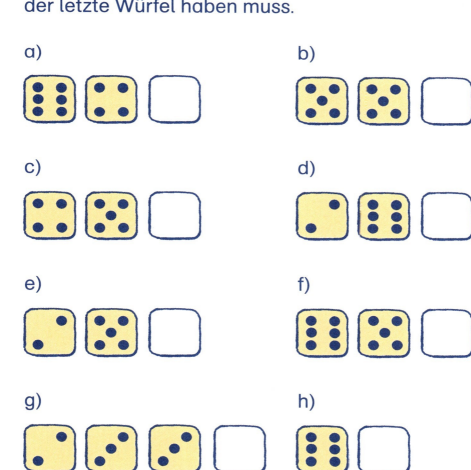

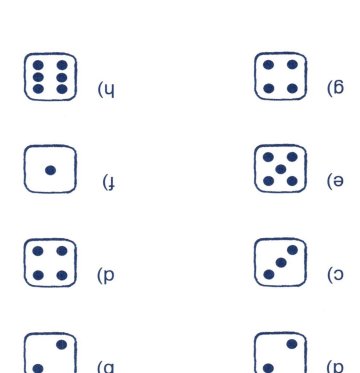

Rechnen bis 20 ohne Zehnerüberschreitung

1 Rechne aus, welche Zahlen in die Rechenmauern gehören. Zwei Zahlen ergeben zusammengezählt die Zahl im Kästchen darüber.

a)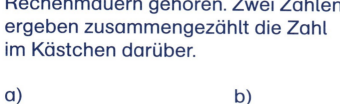

b)

c)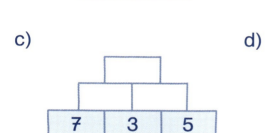

d)

2 Welche Zahlen fehlen hier?

a)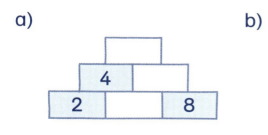

b)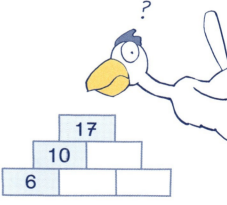

1

a)

6	4
10	

b)

10	9
19	

c)

	18	
	10	8
7	3	5

d)

	16	
	6	10
4	2	8

2

a)

	14	
	4	10
2	2	8

b)

	17	
	10	7
6	4	3

Muster fortsetzen

1 Zeichne die Muster weiter.

a)

b)

c)

d)

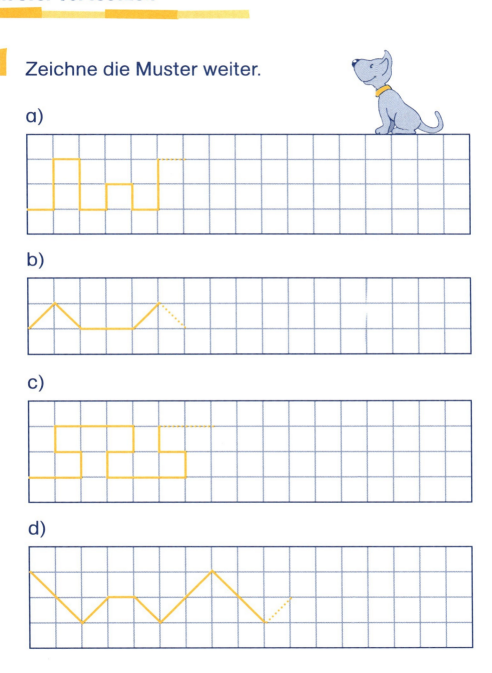

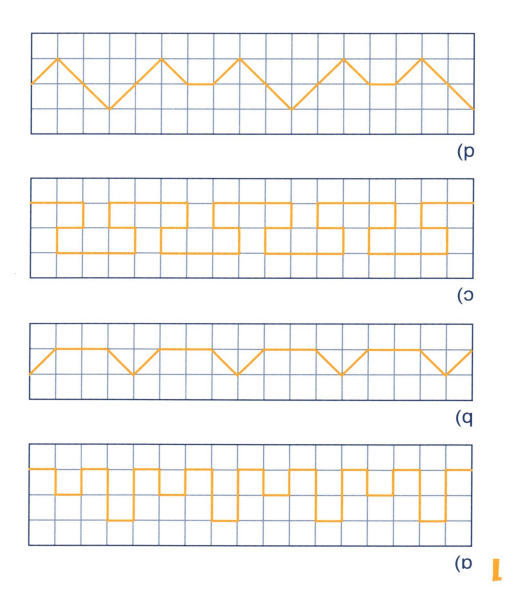

Gerade und ungerade Zahlen bis 20

1 Umkreise alle ungeraden Zahlen.

2 Sortiere die Zahlen aus Aufgabe 1 nach der Größe.

Gerade: | 2 | | | | | |

Ungerade: | 1 | | | | | |

3 Schreibe die geraden Zahlen von 2 bis 20 auf.

| 2 | | | | | | | | | |

4 Schreibe alle ungeraden Zahlen von 1 bis 19 auf.

| 1 | | | | | | | | | |

Lösungen

1 14 (9) 6 (17)
  20 (13) 2 (11)
(5) 10 18 (1)

2 Gerade: 2, 6, 10, 14, 18, 20
Ungerade: 1, 5, 9, 11, 13, 17

3 2, 4, 6, 8, 10, 12, 14, 16, 18, 20

4 1, 3, 5, 7, 9, 11, 13, 15, 17, 19

Uhrzeit

1 Zeichne die Zeiger der Uhr ein.

a) Vor 12 Uhr mittags

9 Uhr   4 Uhr   11 Uhr

b) Nach 12 Uhr mittags

17 Uhr   13 Uhr   20 Uhr

Lösungen

1 **a) Vor 12 Uhr mittags**

9 Uhr   4 Uhr   11 Uhr

b) Nach 12 Uhr mittags

17 Uhr   13 Uhr   20 Uhr

Gleiche Zahlen zusammenzählen

1 Drei Würfel zeigen immer die gleiche Punktzahl. Wie viele Punkte sind es zusammen? Schreibe die Rechnung auf, wie im Beispiel.

a) $1 + 1 + 1 = \square$

b) $\square + \square + \square = \square$

c) $\square + \square + \square = \square$

d) $\square + \square + \square = \square$

e) $\square + \square + \square = \square$

f) $\square + \square + \square = \square$

Lösungen

1
a) 1 + 1 + 1 = 3
b) 2 + 2 + 2 = 6
c) 3 + 3 + 3 = 9
d) 4 + 4 + 4 = 12
e) 5 + 5 + 5 = 15
f) 6 + 6 + 6 = 18

Plus und minus bis 20 ohne Zehnerüberschreitung

1 Rechne die Aufgaben. Achte genau auf das Rechenzeichen.

a) 11 + 7 = ☐ b) 13 − 2 = ☐

c) 14 + 6 = ☐ d) 16 + 3 = ☐

e) 15 − 5 = ☐ f) 16 − 4 = ☐

g) 12 + 6 = ☐ h) 19 − 1 = ☐

2 Fülle die Lücken aus.

a) 17 − ☐ = 12 b) 13 + ☐ = 18

c) ☐ + 6 = 19 d) ☐ + 6 = 10

e) 18 ◯ 2 = 16 f) 14 ◯ 3 = 17

g) 10 ◯ ☐ = 20 h) 20 ◯ ☐ = 13

Lösungen

1

a) $11 + 7 = 18$

b) $13 - 2 = 11$

c) $14 + 6 = 20$

d) $16 + 3 = 19$

e) $15 - 5 = 10$

f) $16 - 4 = 12$

g) $12 + 6 = 18$

h) $19 - 1 = 18$

2

a) $17 - 5 = 12$

b) $13 + 5 = 18$

c) $13 + 6 = 19$

d) $4 + 6 = 10$

e) $18 - 2 = 16$

f) $14 + 3 = 17$

g) $10 + 10 = 20$

h) $20 - 7 = 13$

Minusrechnen bis 20 ohne Zehnerüberschreitung

1 Schreibe die Ergebnisse in das äußere Feld.

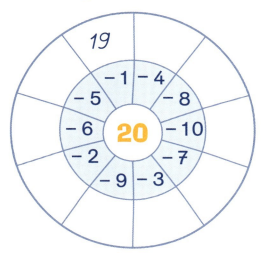

2 Das Ergebnis soll immer 10 sein.
Welche Zahl musst du abziehen?

a) 17 – ☐

b) 19 – ☐

c) 13 – ☐

d) 11 – ☐

e) 10 – ☐

Lösungen

1

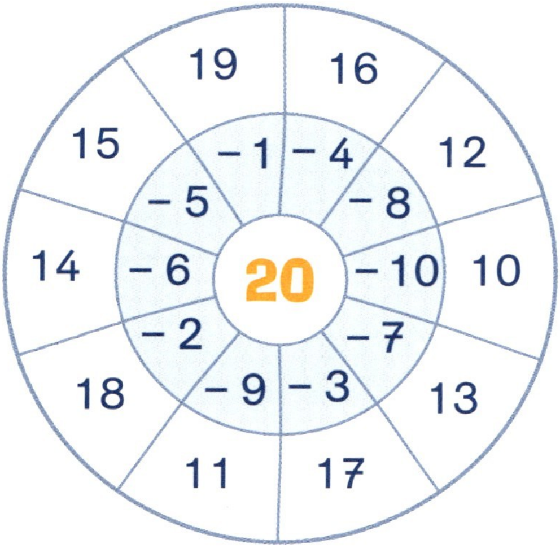

2

a) 17 − 7 = 10

b) 19 − 9 = 10

c) 13 − 3 = 10

d) 11 − 1 = 10

e) 10 − 0 = 10

Plusrechnen bis 20 ohne Zehnerüberschreitung

1 Wie viel Geld hat jedes Kind in seinem Sparschwein? Schreibe den Betrag auf.

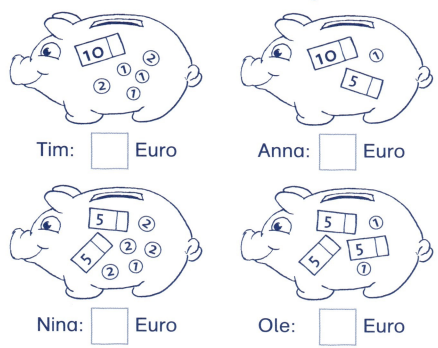

Tim: ☐ Euro

Anna: ☐ Euro

Nina: ☐ Euro

Ole: ☐ Euro

2 Ergänze die Sätze.

a) _____ hat das meiste Geld.

b) _____ hat am wenigsten.

c) _____ und _____ haben gleich viel.

Lösungen

1
Tim: 17 Euro
Nina: 19 Euro

Anna: 16 Euro
Ole: 17 Euro

2
a) Nina
b) Anna
c) Tim und Ole

Plus- und Minusrechnen mit Zehner- und Einerzahlen

1 Schreibe die Ergebnisse der Plusaufgaben in die Tabelle.

a)
+	5	3	8
2			
12			

b)
+	3	6	9
1			
11			

c)
+	1	6	5
4			
14			

d)
+	7	3	5
3			
13			

2 Löse auch diese Minusaufgaben und schreibe die Ergebnisse in die Tabelle.

a)
−	3	5	7
9			
19			

b)
−	1	4	7
7			
17			

c)
−	6	0	2
8			
18			

Lösungen

1

a)

+	5	3	8
2	7	5	10
12	17	15	20

b)

+	3	6	9
1	4	7	10
11	14	17	20

c)

+	1	6	5
4	5	10	9
14	15	20	19

d)

+	7	3	5
3	10	6	8
13	20	16	18

2

a)

−	3	5	7
9	6	4	2
19	16	14	12

b)

−	1	4	7
7	6	3	0
17	16	13	10

c)

−	6	0	2
8	2	8	6
18	12	18	16

Flächen vergleichen

1 Immer zwei Flächen haben gleich viele Kästchen. Verbinde sie.

Zahlen vergleichen

1 Kleiner oder größer?
Setze das richtige Zeichen ein.

größer   kleiner

a) 4 ◯ 2   b) 7 ◯ 9

c) 13 ◯ 17   d) 19 ◯ 14

e) 11 ◯ 8   f) 5 ◯ 15

g) 12 ◯ 20   h) 16 ◯ 10

2 Welches Ergebnis ist größer?
Setze das richtige Zeichen ein.

a) 4 + 4 ◯ 9 − 2

b) 3 + 3 ◯ 10 − 1

c) 17 + 2 ◯ 11 + 6

d) 20 − 5 ◯ 14 + 4

Lösungen

1 a) 4 > 2   b) 7 < 9

c) 13 < 17   d) 19 > 14

e) 11 > 8   f) 5 < 15

g) 12 < 20   h) 16 > 10

2 a) 4 + 4 > 9 − 2   (denn: 8 > 7)

b) 3 + 3 < 10 − 1   (denn: 6 < 9)

c) 17 + 2 > 11 + 6 (denn: 19 > 17)

d) 20 − 5 < 14 + 4 (denn: 15 < 18)

Plusrechnen mit Zehnerüberschreitung

1 Vertausche die Reihenfolge der Zahlen, damit du zuerst die 10 erreichst. Rechne dann das Ergebnis aus.

a) 3 + 4 + 7 = [3] + [7] + [4] = [ ]

b) 5 + 8 + 5 = [5] + [ ] + [ ] = [ ]

c) 4 + 7 + 6 = [ ] + [ ] + [ ] = [ ]

d) 8 + 9 + 2 = [ ] + [ ] + [ ] = [ ]

2 Zerlege die zweite Zahl so, dass du zuerst bis zur 10 kommst. Rechne dann das Ergebnis aus.

a) 9 + 7 = [9] + [1] + [6] = [ ]

b) 7 + 8 = [7] + [ ] + [ ] = [ ]

c) 8 + 6 = [ ] + [ ] + [ ] = [ ]

d) 5 + 8 = [ ] + [ ] + [ ] = [ ]

Lösungen

1 a) 3 + 7 + 4 = 14

b) 5 + 5 + 8 = 18

c) 4 + 6 + 7 = 17

d) 8 + 2 + 9 = 19

2 a) 9 + 1 + 6 = 16

b) 7 + 3 + 5 = 15

c) 8 + 2 + 4 = 14

d) 5 + 5 + 3 = 13

Uhrzeit

1 Welche beiden Uhrzeiten sind gemeint? Schreibe sie auf.

a)

Vor 12 Uhr:

2 Uhr

Nach 12 Uhr:

_____

b)

Vor 12 Uhr:

_____

Nach 12 Uhr:

_____

c)

Vor 12 Uhr:

_____

Nach 12 Uhr:

_____

d)

Vor 12 Uhr:

_____

Nach 12 Uhr:

_____

Lösungen

1

a) Vor 12 Uhr:
   2 Uhr

   Nach 12 Uhr:
   14 Uhr

b) Vor 12 Uhr:
   5 Uhr

   Nach 12 Uhr:
   17 Uhr

c) Vor 12 Uhr:
   1 Uhr

   Nach 12 Uhr:
   13 Uhr

d) Vor 12 Uhr:
   8 Uhr

   Nach 12 Uhr:
   20 Uhr

Zahlen bis 20 halbieren

1 Eva und Ben teilen sich Lollis. Umkreise die Lollis so, dass jeder gleich viele bekommt. Schreibe die passende Rechenaufgabe dazu.

a)  $\boxed{3} + \boxed{3} = \boxed{}$

b) $\boxed{} + \boxed{} = \boxed{}$

c) $\boxed{} + \boxed{} = \boxed{}$

d) $\boxed{} + \boxed{} = \boxed{}$

e) $\boxed{} + \boxed{} = \boxed{}$

f) $\boxed{} + \boxed{} = \boxed{}$

ösungen

a) $3 + 3 = 6$

b) $5 + 5 = 10$

c) $6 + 6 = 12$

d) $4 + 4 = 8$

e) $2 + 2 = 4$

f) $7 + 7 = 14$

Zehnerzahlen abziehen

1 Ziehe immer 10 ab und schreibe das Ergebnis auf.

a) 13 − 10 =

b) 17 − 10 =

c) 11 − 10 =

d) 18 − 10 =

2 Rechne die Aufgaben aus. Ziehe zuerst die Zehner und dann die Einer ab, wie im Beispiel.

a) 14 − 12 = ⬜14⬜ − ⬜10⬜ − ⬜2⬜ = ⬜

b) 19 − 16 = ⬜ − ⬜ − ⬜ = ⬜

c) 17 − 13 = ⬜ − ⬜ − ⬜ = ⬜

d) 18 − 15 = ⬜ − ⬜ − ⬜ = ⬜

e) 16 − 11 = ⬜ − ⬜ − ⬜ = ⬜

Lösungen

1
a) $13 - 10 = 3$

b) $17 - 10 = 7$

c) $11 - 10 = 1$

d) $18 - 10 = 8$

2
a) $14 - 10 - 2 = 2$

b) $19 - 10 - 6 = 3$

c) $17 - 10 - 3 = 4$

d) $18 - 10 - 5 = 3$

e) $16 - 10 - 1 = 5$

Minusrechnen mit Zehnerüberschreitung

1 Vertausche die Reihenfolge der Zahlen, damit du zuerst die 10 erreichst.

a) 17 − 2 − 7 = $\boxed{17}$ − $\boxed{7}$ − $\boxed{2}$ = $\boxed{}$

b) 14 − 3 − 4 = $\boxed{}$ − $\boxed{}$ − $\boxed{}$ = $\boxed{}$

c) 16 − 2 − 6 = $\boxed{}$ − $\boxed{}$ − $\boxed{}$ = $\boxed{}$

d) 12 − 7 − 2 = $\boxed{}$ − $\boxed{}$ − $\boxed{}$ = $\boxed{}$

2 Zerlege die zweite Zahl so, dass du zuerst bis zur 10 kommst. Rechne dann das Ergebnis aus.

a) 13 − 5 = $\boxed{13}$ − $\boxed{3}$ − $\boxed{2}$ = $\boxed{}$

b) 14 − 7 = $\boxed{}$ − $\boxed{}$ − $\boxed{}$ = $\boxed{}$

c) 15 − 6 = $\boxed{}$ − $\boxed{}$ − $\boxed{}$ = $\boxed{}$

d) 17 − 8 = $\boxed{}$ − $\boxed{}$ − $\boxed{}$ = $\boxed{}$

Lösungen

1 a) $17 - 7 - 2 = 8$

b) $14 - 4 - 3 = 7$

c) $16 - 6 - 2 = 8$

d) $12 - 2 - 7 = 3$

2 a) $13 - 3 - 2 = 8$

b) $14 - 4 - 3 = 7$

c) $15 - 5 - 1 = 9$

d) $17 - 7 - 1 = 9$

Muster spiegeln

1 Zeichne die Muster so ein, wie du sie im Spiegel sehen würdest.

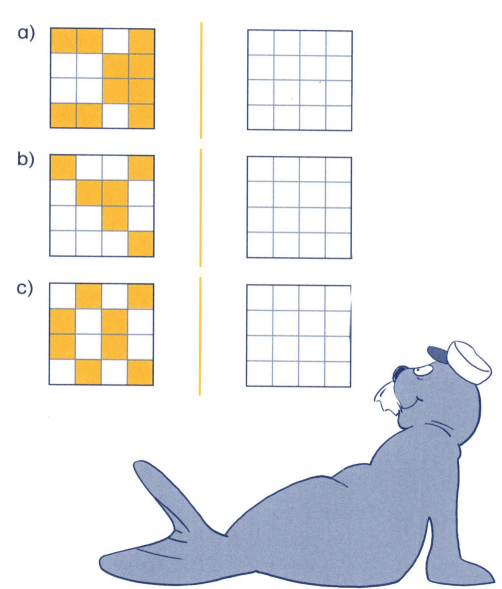

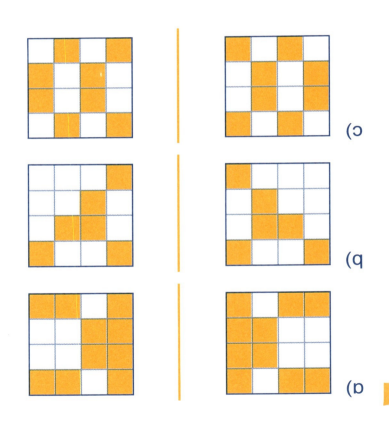

Rechnen bis 20 mit Zehnerüberschreitung

1 Rechne die Aufgaben. Achte genau auf das Rechenzeichen.

a) $9 + 7 =$ ☐   b) $13 - 6 =$ ☐

c) $14 - 12 =$ ☐   d) $7 + 7 =$ ☐

e) $8 + 11 =$ ☐   f) $16 - 7 =$ ☐

g) $3 + 9 =$ ☐   h) $15 - 8 =$ ☐

2 Fülle die Lücken aus.

a) $7 +$ ☐ $= 12$ b) $13 -$ ☐ $= 6$

c) ☐ $+ 10 = 17$ d) ☐ $- 6 = 6$

e) $18 \bigcirc 12 = 6$ f) $4 \bigcirc 13 = 17$

g) $9 \bigcirc$ ☐ $= 20$ h) $20 \bigcirc$ ☐ $= 5$

Lösungen

1
a) $9 + 7 = 16$ b) $13 - 6 = 7$

c) $14 - 12 = 2$ d) $7 + 7 = 14$

e) $8 + 11 = 19$ f) $16 - 7 = 9$

g) $3 + 9 = 12$ h) $15 - 8 = 7$

2
a) $7 + 5 = 12$ b) $13 - 7 = 6$

c) $7 + 10 = 17$ d) $12 - 6 = 6$

e) $18 - 12 = 6$ f) $4 + 13 = 17$

g) $9 + 11 = 20$ h) $20 - 15 = 5$

Verdoppeln bis 20

1 Zeichne immer genau so viele Perlen dazu, dass du die doppelte Anzahl hast. Schreibe die Rechenaufgabe auf.

a) $\boxed{2}$ + $\boxed{2}$ = $\boxed{}$

b) $\boxed{}$ + $\boxed{}$ = $\boxed{}$

c) $\boxed{}$ + $\boxed{}$ = $\boxed{}$

2 Berechne das Doppelte.

a) 5 + $\boxed{5}$ = $\boxed{}$ b) 3 + $\boxed{}$ = $\boxed{}$

c) 10 + $\boxed{}$ = $\boxed{}$ d) 8 + $\boxed{}$ = $\boxed{}$

Lösungen

1
a) 2 + 2 = 4
b) 6 + 6 = 12
c) 9 + 9 = 18

2
a) 5 + 5 = 10
b) 3 + 3 = 6
c) 10 + 10 = 20
d) 8 + 8 = 16

Textaufgaben im Zahlenraum bis 20

1 Rechne und trage die Lösungen ein.

In der Klasse 1c sind 20 Kinder.

a) 9 davon sind Mädchen.

Frage: Wie viele Jungen sind in der Klasse?

Rechnung:

Antwort: Es sind ☐ Jungen.

b) 12 Kinder sind schon sieben Jahre alt.

Frage: Wie viele Kinder sind noch jünger?

Rechnung:

Antwort: ☐ Kinder sind noch jünger.

Lösungen

1
a) Rechnung: 20 − 9 = 11
Antwort: Es sind 11 Jungen.

b) Rechnung: 20 − 12 = 8
Antwort: 8 Kinder sind noch jünger.

Figuren zusammenfügen

1 Welches Teil wurde aus der Figur herausgeschnitten? Kreise es ein.

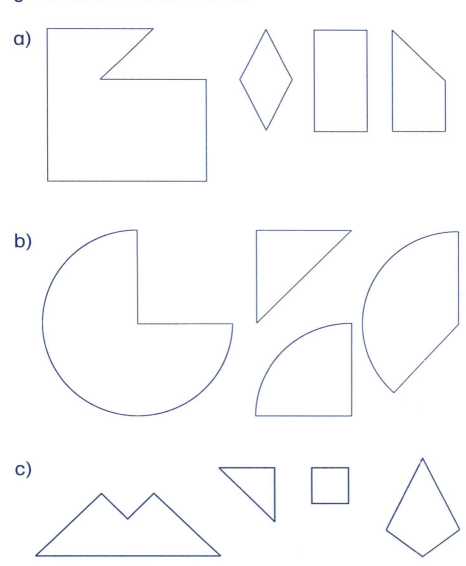

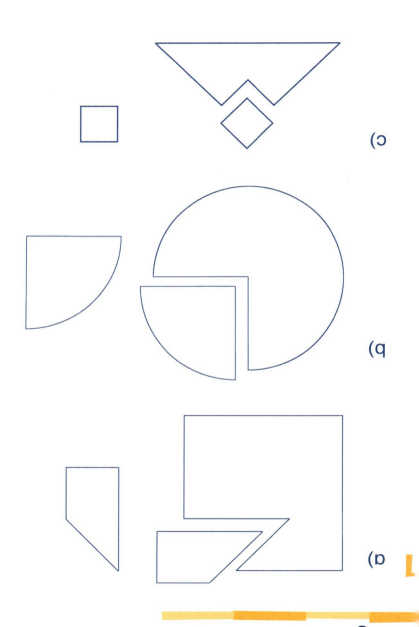